마그마란 마음자리 그림 마당의 약자로 마음의 응어리를 그림으로 용암같이 녹여내는 심리 치유의 공간이며 세상 만다라 펼침의 공간이다.

| 김영옥 만다라와 함께 하는 프로그램/수강정보

- **꿈분석가 배출**: 매주/서울본부
- **국민학습지 토요특강**: 매주 토요일 오후 1시~4시/서울본부 2층
- **경영지도자과정**: 자기분석.자기경영.자기완성.카페목적
- **마그마힐링&M분석 졸업전시회**: 매주/서울본부 전시관 1층-2층
- **마그마숲 책쓰기 프로젝트**: 매달/서울본부 2층-3층
- **지도자 역량강화 프로그램**: 매주/서울본부
- **마그마힐링 & 만다라 워크북 체험**: 매주/서울본부 2층
- **전국민 나산다가산다 워크숍**: 3월,6월,9월,12월/한일빌딩 공간모아
- **마그마힐링 지도자자격 과정**: 1급~3급/전국지사
- **M분석가 과정**: 1단계~3단계/서울본부 및 M통찰 분석가
- **M통찰분석가 과정**: 1단계~3단계/서울본부
- **꿈디자인학교**: 청년/1학기~4학기/서울본부
- **국민학습지 전국지사 연계**: 서울,경기,충남,대구,울산,포항,영덕 등

| 전시회·책쓰기·워크숍·지사협약·강의·심리지원단 전국순회

| 심리지원단 전국순회 | 전시공간 | 전국 지사 | 마그마힐링 체험

| 좌뇌이성_아는 힘 안정 |

좌뇌이성으로 칼라색칠

김영옥 만다라심리박물관_뇌탐색관

-아는 힘 안정- 좌뇌 이성

김영옥 만다라심리박물관_뇌탐색관
좌뇌이성_아는 힘 안정

| 2관 뇌탐색관

· 우뇌감성_모르는 힘 불안정
· 좌뇌이성_아는 힘 안정

| 활용 방법

· 문구따라 표현하기
· 모든 색칠 도구 가능
· 바탕을 한가지 색에서~여러가지 색으로 확장
· 마음 가는대로 색칠
· 그냥 보기만해도 좋은 효과
· 여백, 공간 모두 색칠
· 그대로 좋은 시간

| 2관 뇌탐색관은?

2023년 속도내는 새해,
마그마숲과 김영옥M심리박물관 탄생
제2관 뇌탐색관으로 방이 넉넉!!!!
의식적 계획은 자칫 삶을 통제한다.
마그마숲의 길은
꾸준하게 무의식을 탐색해야
통합의 길이 열린다.

| 김영옥 원장

· 화가 13회 개인전
· 심리분석가
· 사)만다라미술심리연구원 이사장
· 마그마숲 대표
· M심리지원단 대표
· 마그마힐링 심리 프로그램 개발
· 만다라분석심리 이론정립
· 만다라꿈분석 이론 정립
· M분석심리 이론 정립
· M통찰분석 이론 정립

김영옥
M분석심리 실제

 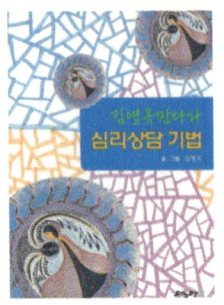 

좌뇌이성의 활성 첫 날

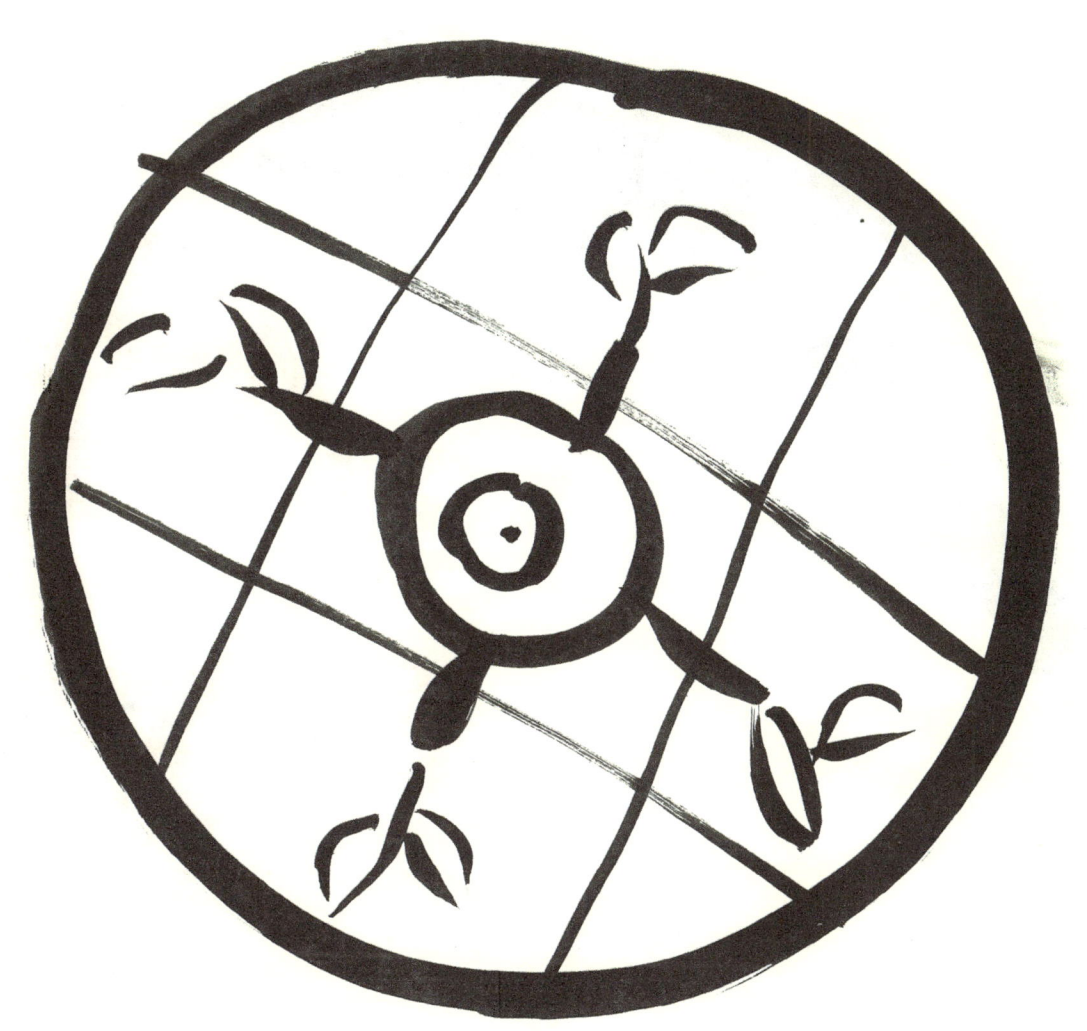

| 좌뇌이성_아는 힘 안정 |

좌뇌이성으로 새롭게 발견하며

좌뇌이성의 활성 둘째 날

| 좌뇌이성_아는 힘 안정 |

좌뇌이성을 활성화하기까지

좌뇌이성의 활성 세째 날

김영옥 만다라심리박물관 _2관 뇌 탐색관

| 좌뇌이성_아는 힘 안정 |

좌뇌이성으로 아름답게 펼치며!

좌뇌이성의 활성 네째 날

| 좌뇌이성_아는 힘 안정 |

좌뇌이성으로 전진하며

|좌뇌이성_아는 힘 안정|

좌뇌이성으로 숨겨진 것을 찾으며

좌뇌이성의 활성 닷째 날

| 좌뇌이성_아는 힘 안정 |

좌뇌이성으로 풍성히 누리며

좌뇌이성의 활성 여섯째 날

| 좌뇌이성_아는 힘 안정 |

좌뇌이성을 따라 가볼까요?

좌뇌이성의 활성 일곱째 날

| 좌뇌이성_아는 힘 안정 |

좌뇌이성으로 나의 발자국 만들며

좌뇌이성의 활성 여덟째 날

신간 워크북

| 자유롭게 전 5권　　| 치유의 몫 전 5권　　| 가치있는 삶 전 5권　　| 꿈몽이들의 고향 전 5권

| 내 인생의 월드컵 전 5권　　| M통찰 2단계 1차 전 2권　　| 몽이들의 빛 전 5권　　| 내 인생의 월드컵 전 5권

기념품 판매

민소매·티셔츠·맨투맨·몽이망토담요·후드집업·몽이가방·조끼·셔츠

경영인 전 11권 	꿈 분석가 전 10권 &시리즈 	오늘의 마음 날씨 전 5권 	해와 달 전 5권 	뇌 기능 운동 전 5권 
아플 때 쉬어가는 나 전 8권 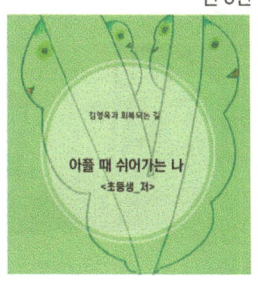	아플 때 만난 나 전 5권 	아름다운 길 전 5권 	M통찰 1단계 전 3권 	황금빛 용 
망토몽이 전 5권 	두통없이 개운한 날 전 5권 	정신소독 전 5권 	여의주 전 5권 	꿈출항 전 5권 
깊어질 때 편안함 전 5권 	그대로 좋아 전 5권 	숲과 도시 전 5권 	자율통합 전 5권 	영혼몽이 전 5권 

마그마숲 M심리지원단 전국치유와 희망으로 달린다

김영옥 심리박물관 탄생

좌뇌이성 -아는 힘 안정-

발행일	2023년 2월 28일
지은이	(사) 만다라미술심리연구원
기획·연구	마그마숲, 몽이세상, 마그마숲과 창
펴낸곳	서울본부: 서울특별시 종로구 창의문로 10길 11 2층
	김영옥M심리박물관: 경기도 포천시 영북면 문암길24
	마그마숲 책 창고: 포천시 가산면 가산로 194번길 50
전화	02) 379-1706 ~1707
이메일	magmasup@naver.com
홈페이지	http://www.magmasup.com (본사)
	http://www.mgmskm.com (국민학습지)

마그마송

우리의 소원은 통합　　이 겨레 살리는 통합
꿈에도 소원은 통합　　이 생명 살리는 통합
이 정성 다해서 통합　　통합이 어서 오라
통합을 이루자.　　　　통합을 이루자~!!

서울시 종로구 창의문로 10길 11 일민빌딩 1~3층
'자하문터널입구 석파정' 하차(1711,7016,7018)
* 자가용 이용시 김영옥미술관 T map 검색

값 10000원
14180

ISBN 979-11-6332-829-2
ISBN 979-11-6332-825-4 (세트)

이 책을 불법 복제시 저작권법에 따라 처벌 대상이 됩니다